课程标准编委会

顾　　问：方国恩　李晓捷　陈文华　杜　青
　　　　　王　刚　邱卓英　杜　勇　黄鹤年
领导小组：黄昭鸣　谢敬仁　孙喜斌　杜晓新
专家小组：刘巧云　万　勤　万　萍　卢红云
　　　　　周林灿　张　青　胡金秀　王勇丽
　　　　　高晓慧　刘　杰　李孝洁　张奕雯
　　　　　张梓琴　尹敏敏

本课程标准编委会

顾　　问：王　刚
主要执笔人：王勇丽　葛胜男　谭模遥
参与执笔人：罗　滔　郑禹英　周　静　刘百搏
　　　　　刘　涛　张飞杭　李瑞豪　万　凯

医学·教育康复行业课程标准与实施指南

儿童运动康复课程标准

华东师范大学中国言语听觉康复科学与 ICF 应用研究院
华东师范大学康复科学系（听力与言语康复学专业、教育康复学专业）
中国教育技术协会教育康复专业委员会
中国残疾人康复协会语言障碍康复专业委员会
中国优生优育协会儿童脑潜能开发专业委员会
组织编写

南京师范大学出版社
NANJING NORMAL UNIVERSITY PRESS

图书在版编目（CIP）数据

儿童运动康复课程标准 / 华东师范大学中国言语听觉康复科学与 ICF 应用研究院等组织编写 . — 南京：南京师范大学出版社，2020.8

（医学 · 教育康复行业课程标准与实施指南）

ISBN 978-7-5651-4424-0

Ⅰ . ①儿… Ⅱ . ①华… Ⅲ . ①残疾人—儿童—康复训练—课程标准 Ⅳ . ① R720.9

中国版本图书馆 CIP 数据核字 (2019) 第 262856 号

书　　名　儿童运动康复课程标准
丛 书 名　医学 · 教育康复行业课程标准与实施指南
作　　者　华东师范大学中国言语听觉康复科学与 ICF 应用研究院
　　　　　华东师范大学康复科学系（听力与言语康复学专业、教育康复学专业）
　　　　　中国教育技术协会教育康复专业委员会
　　　　　中国残疾人康复协会语言障碍康复专业委员会
　　　　　中国优生优育协会儿童脑潜能开发专业委员会
责任编辑　庞　昊
出版发行　南京师范大学出版社
地　　址　江苏省南京市玄武区后宰门西村 9 号（邮编：210016）
电　　话　（025）83598919（总编办）　83598412（营销部）　83373872（邮购部）
网　　址　http://press.njnu.edu.cn
电子信箱　nspzbb@njnu.edu.cn
照　　排　南京凯建文化发展有限公司
印　　刷　南京玉河印刷厂
开　　本　880 毫米 ×1230 毫米　1/32
印　　张　1.75
字　　数　49 千
版　　次　2020 年 8 月第 1 版　2020 年 8 月第 1 次印刷
书　　号　ISBN 978-7-5651-4424-0
定　　价　12.00 元

出 版 人　张志刚

序

残疾人事业是中国特色社会主义事业的重要组成部分。关注残疾人的康复与教育问题，改善残疾人的生存生活状况，促进残疾人事业的发展，已成为全面建设小康社会和构建社会主义和谐社会一项重要而紧迫的任务。

我国第二次残疾人口抽样调查的数据表明，全国现有残疾人口 8 296 万，占我国总人口的 6.34%，涉及 2.4 亿人口家庭，有 400 万残疾儿童需要接受医疗、康复和教育。这些年来，我国的医疗卫生、特殊教育、民政、残联等机构和部门的残疾儿童康复与教育工作也取得了显著成效；但我国残疾人事业基础还较薄弱，残疾人社会保障政策措施尚不够完善，残疾人在基本生活、医疗卫生、康复、教育、就业、社会参与等方面还存在许多困难，他们的总体生活状况与社会平均水平之间仍存在较大差距。残疾人仍然是社会中一个特殊的弱势群体，他们多数仍然生活在社会的底层，离平等参与社会生活、共享人类文明成果的目标还甚远。

本世纪初，随着社会康复需求的不断增加，我们立足国际最先进的理念与国内发达地区最早的社会需求，萌生建立中国的教育康复学的念想。客观讲，我国的残疾儿童的医疗康复服务主要由医院、康复机构承担，教育主要由学前教育机构、特殊教育学校提供。近些年来，学界和政府有关部门开始关注这种康复与教育分离的模式能否真正满足残疾儿童的发展与成长需求。随着医教结合、综合康复理念在我国医学康复、教育康复领域渐成共识，医学·教育康复由此应运而生，医学·教育康复行业课程标准与实施指南的制定亦进入专家学者们的研究视野。

医学·教育康复是研究如何为兼具康复与教育双重需求的特殊需要儿童提供系统、科学的技术支持与同步服务的学科。我们组织教育、医疗、康复学界众多专家学者组建课题攻关团队，以若干国家、省（市）部级重大重点课题及前期成果为支撑，经过不懈努力，2013 年经教育部批准，华东师范大学在全国率先成立教育康复学专业。教育康复学专业的诞生，既填补了我国高等院校相关学科的空白，同时又对我国特殊教育、听力和言语康复、康复治疗的科学发展，对方兴未艾的“医教结合”新模式的推广，对复合型特殊教育师资、康复治疗师的培养，对残疾人教育、医疗、康复质量及水平的提高等具有重要意义。

目前不少进入学前教育机构、特殊教育学校的儿童还无法清楚说话、难以执行简单指令，甚至无法安坐，带病上学成为特殊需要儿童的入学常态，教学目标很难实现，需要针对性的康复课程介入。例如，《培智学校义务教育课程标准》明确将康复训练列为其重要内容。当学生粗大动作和精细动作发展存在显著迟缓或功能障碍时，应从物理治疗和作业治疗等相应领域开展康复训练；当学生在言语、语言发展上出现明显迟缓，存在语音、流畅性、语法、语义等方面困难时，应进行言语语言康复训练；当学生出现注意缺陷、多动、行为问题、情绪障碍、人际交往困难时，应开展心理治疗、行为矫正与行为支持、音乐治疗和游戏治疗等康复训练。康复课程不分学段，应根据学生的特殊需求，在世界卫生组织 ICF 框架下采用“评估—训练—评估”的模式进行，最终达到预期的康复效果。

为解决这些问题，受教育部委托，华东师范大学在全国范围遴选特殊教育学校进行“医教结合”实验，以期残疾儿童在学前教育机构、特殊教育学校接受教育的同时，也能获得针对性的医疗和康复服务。我们在全国 18 所医教结合实验校和 21 所医教结合师资培训基地的实践表明：医教结合的康复教育新模式对于残疾儿童的医疗康复效果极佳，家庭经济负担大为减轻，教育质量得到明显提高，这种“医教结合，综合康复”的模式具有强大的生命力。

近几年，在华东师范大学中国言语听觉康复科学与ICF应用研究院、康复科学系（听力与言语康复学专业、教育康复学专业）的努力下，在中国教育技术协会教育康复专业委员会、中国残疾人康复协会语言障碍康复专业委员会、中国优生优育协会儿童脑潜能开发专业委员会的支持下，在全国医教结合师资培训基地的配合下，专家组研制了医学·教育康复行业课程标准，课程标准具体包括：《言语障碍康复课程标准》《儿童语言康复课程标准》《儿童认知障碍康复课程标准》《儿童情绪行为障碍干预课程标准》《儿童运动康复课程标准》《听障儿童听觉言语康复课程标准》《康复仪器设备与教学信息化配备标准》等。

本系列课程标准有助于规范指导康复教师和康复治疗师使用康复设备及专业工具，对障碍者采用定量与定性的综合方法进行评定、制订方案、实施康复训练、跟踪康复效果，同时提供康复咨询与指导。

此外，本系列课程标准还另外配套了与康复关系密切的四门课程的实施指南：《智力障碍儿童生活语文学科实施指南》《智力障碍儿童生活适应学科实施指南》《智力障碍儿童生活数学学科实施指南》《智力障碍儿童心理健康学科实施指南》。

本系列课程标准与实施指南既可作为大学本科、研究生或高职院校康复治疗学、听力与言语康复学、言语听觉康复技术以及教育康复学和特殊教育学专业教学参考使用，也可为医院、康复机构、特殊教育学校及民政福利机构等相关部门开展残疾儿童各板块康复的评估、治疗、监控、教学、管理和研究工作使用。我们期待本系列课程标准与实施指南能为中国康复教育事业的发展做出贡献，同时也期待本套课程标准与实施指南在实践中渐趋完善，成为一套言之有理、操之有物、行之有效的临床或一线教育康复的工作指南。

《医学·教育康复行业课程标准与实施指南》编写委员会

2020年4月

目　录

一、导言 …… 001
（一）课程定位 …… 001
（二）课程理念 …… 001
（三）设计思路 …… 003

二、课程目标 …… 005
（一）总目标 …… 005
（二）领域目标 …… 005

三、课时设置 …… 007

四、课程内容 …… 008
（一）粗大运动 …… 008
（二）精细运动 …… 020
（三）感知觉及感觉统合 …… 029

五、课程实施建议 …… 037
（一）训练建议 …… 037
（二）评估建议 …… 038
（三）保障课程实施的建议 …… 040
（四）不同类别特殊需要儿童运动康复课程的特点 …… 041

一、导言

（一）课程定位

运动能力是个体进行日常生活、自我管理、认知学习和社会适应的基本条件。普通儿童随着年龄的增长，基本的姿势和运动能力逐渐发育，6岁之前基本能掌握移动相关的运动技能、手部操作、书写相关技巧以及多感官的感觉统合等技能，为其顺利进入小学学习奠定基础。特殊需要儿童的运动功能障碍主要表现为自主运动的能力发生障碍，粗大运动和精细运动的动作受限、感觉统合失调、平衡协调性较差，严重影响儿童生活自理和学习。

儿童运动康复课程主要针对特殊需要儿童在粗大运动、精细运动、感知觉及感觉统合等方面存在的问题与障碍，遵循普通儿童运动发育规律，设置康复训练内容和目标，以达到强化儿童身体功能、改善异常的运动模式、增强动作的协调性与准确性、优化感官知觉处理系统功能的目的。

本康复课程的使用者为康复师，即使用康复设备及专业工具对运动障碍者采用定量与定性的方法进行评定、制订方案、实施康复训练、跟踪康复效果以及提供康复咨询与指导的专业人员。康复设备是指医疗器械分类目录中定义的运动障碍康复设备。

（二）课程理念

1. 以“医教结合”为指导思想

结合现代康复医学、特殊教育学、教育康复学的全面康复理念，以“医教结合”为指导思想，注重康复与教育的有机结合，在改善生理功能的基础上，满足特殊需要儿童的学习与发展需求，增加儿童的社会融入性。运动康复课程目标以融入社会生活为导向，建立运动功能康复治疗与生活的紧密联系，课程的最终环节需延伸至学习技能、生活自理、体育活动以及社会适应中去，强调儿童的主动参与意识，并适当融入认知教育的内容。

2. 以儿童运动发育规律及运动治疗技术相关理论为依据

运动康复课程内容的设置，以儿童运动发育规律及运动治疗技术相关理论为依据，循序渐进，进行粗大运动、精细运动和感知觉及感觉统合等能力的训练。其中，粗大运动训练按照姿势控制、移动相关技能、平衡与协调的顺序，遵循由头到尾、由简单到复杂发育的规律设计课程内容；精细运动训练按照基本手部功能、手部操作技巧、书写及使用工具、力量强化的顺序，遵循由近端到远端、由低级到高级的规律设计课程内容；感知觉及感觉统合训练主要针对感觉统合失调的三个关键问题，进行触觉、本体觉和前庭觉等感知觉的统合训练，并以视觉、听觉、嗅觉、味觉的感官知觉为辅，增强多感官的统合训练。在以上课程设置的基础上，依据人体发育学、运动治疗学相关理论基础，进行具体训练内容的设置。

3. 以游戏为主要形式

运动康复课程内容的设计，强调以游戏的形式展开。游戏情节的导入结合现代化设备，寓教于乐，让儿童在游戏的情景中完成针对性的功能训练，增加课程的趣味性，以诱导儿童积极配合，促进主动运动能力的发展。

4. 加强医院、机构、学校与家庭合作机制

特殊需要儿童的康复并非一朝一夕，而是一项长期的工程。对于儿童而言，习得的能力需要在日常生活中反复应用才能获得内化。因此，家长的支持和参与是提升康复效果的保障，家长要在康复师或教师等人员的指导下，对儿童实施家庭康复训练。由于康复治疗技术的专业性，需要通过线上与线下相结合的方式进行机构与家庭的合

作，指导家长如何有效进行家庭康复，提高家庭康复的质量。

（三）设计思路

1. 课程整体设计思路

针对儿童的运动功能障碍，从粗大运动、精细运动、感知觉及感觉统合三个领域整体设计本康复课程，如图 1–1、图 1–2、图 1–3、图 1–4 所示。对运动功能障碍程度接近的儿童可进行集体课训练，个别如脑瘫儿童等运动功能障碍程度较重的儿童，则增加相应运动功能的个性化训练。

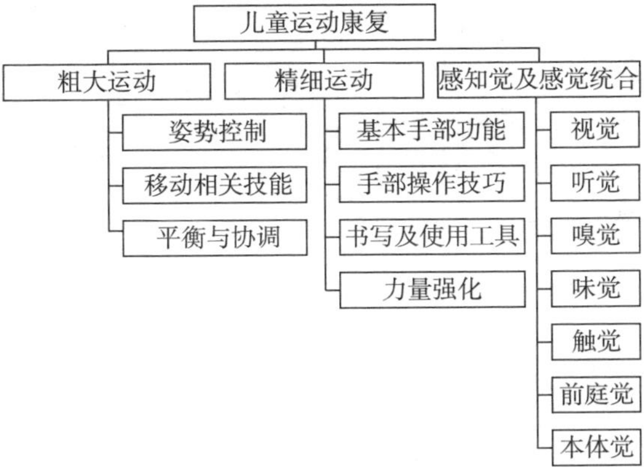

图 1–1　儿童运动康复课程整体设计思路

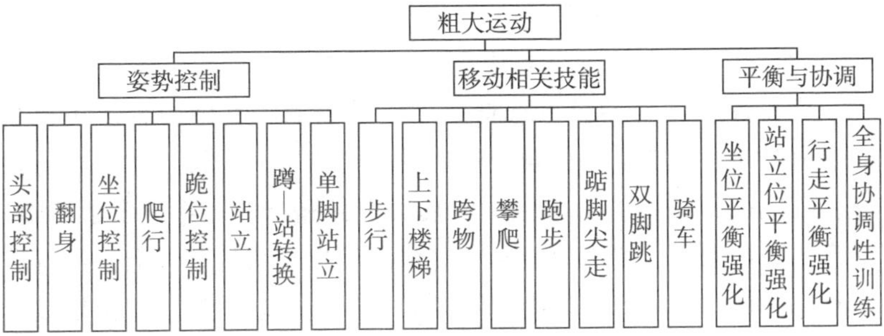

图 1–2　粗大运动康复课程框架

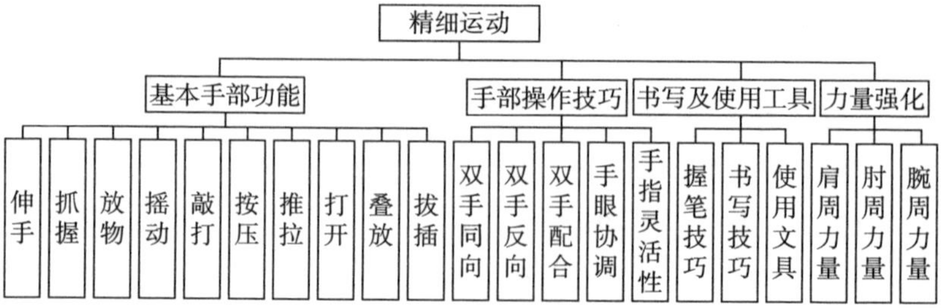

图 1–3　精细运动康复课程框架

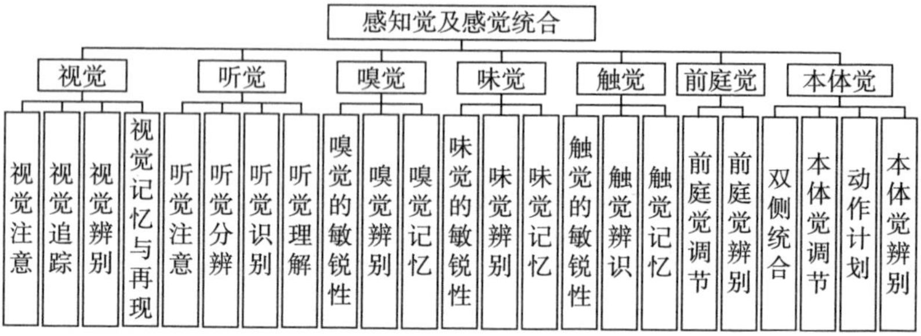

图 1–4　感知觉及感觉统合康复课程框架

2. 课程标准设计思路

（1）课程目标分为总目标与领域目标。

总目标概述儿童通过训练可能达到的整体运动能力水平，领域目标分别从粗大运动、精细运动和感知觉及感觉统合等方面阐述儿童需要达到的能力水平。

（2）课程内容的设计体现基础性、阶梯性、可操作性。

康复课程内容的设计选择三个运动领域的基础内容，注重基础能力对儿童功能训练的重要性。目标与内容的设置，体现由易到难、由低级到高级的阶梯性，而且每个目标与内容均给出了清晰、明确的操作示例，要求康复师在完成所给出方法的基础上，进行扩展及延伸训练。另外，每个课程内容均给出了教学建议，包括教学准备、教学方法等内容，突出了可操作性。

（3）课程实施突出指导性。

课程实施部分从儿童的特点出发，提出若干保障课程实施的措施、教学建议以及课程评估的指导性原则。

二、课程目标

（一）总目标

以儿童为中心，致力于儿童的运动功能、生活技能、社会适应能力等方面的提升，使儿童掌握粗大运动、精细运动技能，改善感知觉及感觉统合能力，提高动作的协调性和灵活性，使儿童最终能够很好地回归家庭和社会，参与社交活动，实现个人社会价值。

（二）领域目标

1. 粗大运动

旨在提高儿童姿势控制、移动、平衡与协调的能力，以满足儿童日常生活和学习的活动需求。需要达到以下目标：

（1）能灵活地转动头部并保持身体的对称和平衡。

（2）能灵活、协调地翻滚及爬行。

（3）能在坐位、变换坐姿、坐位与四点位转换时保持身体平衡。

（4）能在从四点位转换成跪位或蹲位、从跪位或蹲位转换成站立位时保持身体平衡。

（5）能在站立及行走过程中保持身体各部位的平衡与协调。

（6）能够在跑步、踮脚尖走、双脚跳的过程中保持动作的平衡与协调。

（7）能够安全地跨过障碍物、上下楼梯、骑儿童车，以适应生活环境。

（8）能够参与拍球、踢足球等体育活动。

2. 精细运动

旨在提高儿童手部动作能力、手眼协调、握笔书写以及使用工具的能力，以满足儿童日常生活和学习的需求。需要达到以下目标：

（1）能够集中视线，小年龄组儿童双手能在中线位置玩玩具，视线紧随双手动作。

（2）能够协调地完成抓握、放物、摇动、敲打、按压、推拉、打开、叠放等基础手部动作。

（3）能够完成双手配合、手眼协调相关的操作任务。

（4）能够完成与手指灵活性相关的操作任务。

（5）能够掌握进食、穿衣、修饰、大小便管理等基本日常生活活动技巧。

（6）能够掌握握笔书写技巧，熟练使用常见学习工具。

3. 感知觉及感觉统合

旨在提升儿童视觉、听觉、嗅觉、味觉、触觉、前庭觉和本体觉七大感觉系统的调节能力以及辨别和运用能力，以满足日常生活及学习活动中对不同信息接收、处理和运用等方面的需求。需要达到以下目标：

（1）视觉：能建立视觉注意、视觉追踪、视觉辨别等功能，以辨别不同的物品，感知不同方位的人或物品。

（2）听觉：能建立听觉注意、听觉分辨、听觉识别、听觉理解等功能，以完成不同声音的音调感知、响度感知、节奏感知及声源定位，以及辨别和理解不同的声音。

（3）嗅觉：能辨别各种气味的差异，并记忆相应气味的特征，能对各种嗅觉刺激有反应，能识别生活中的危险气味。

（4）味觉：能辨别酸、甜、苦、辣、咸等味道，将味道与实物之间建立联系，并能对尝过的味道有记忆。

（5）触觉：能建立触觉感知、触觉定位和触觉分辨等能力，以感受到身体部位受到的触觉刺激，在接受刺激时做出适应性反应。

（6）前庭觉：能统合各种感觉信息，保持平衡，提高身体的协调性和探测身体与空间位置关系的能力，与视觉和本体觉配合发展出双侧统合能力。

（7）本体觉：能识别肢体与空间的位置关系，能在活动中辨别身体运动应有的力度、速度和方向，与视觉和前庭觉结合完成动作计划过程。

三、课时设置

学前阶段，根据儿童对运动康复训练的需求，灵活设置康复课程。

学龄阶段，对有运动康复训练需求的儿童，在低年龄段应保证本课程每周不少于 2 课时，6 个月康复训练时间总计不少于 40 小时；在中高年龄段应保证本课程每周不少于 1—2 小时，6 个月康复训练时间总计不少于 20 小时。各医院、康复机构、特殊教育学校可根据儿童的实际情况，对有严重障碍的儿童按需增加训练时间。

四、课程内容

（一）粗大运动

训练项目		目标与内容	教学建议
姿势控制	1. 头部控制	**（1）仰卧位** 能在仰卧位下，保持头部在正中位，左右转头、点头。 **（2）俯卧位** 能在俯卧位下，双肘支撑、双上肢支撑，并同时向上抬头（逐渐增至 90°）和向左右方同转头。 **（3）仰卧位转换成坐位** 能在仰卧位转换成坐位的过程中，保持姿势的对称性。 例如，在仰卧位下，康复师拉儿童的双手让其坐起来的过程中，儿童的头部和身体能够保持一条直线，始终在正中位置。 **（4）坐位** 能够在坐位状态下，保持头部在正中立，做左右转头、点头和摇头等动作。 **（5）站立位** 能够在站立位状态下，维持头颈部正中、直立，左右转动头部，能做点头、摇头动作。	**（1）教学准备** 推荐参考书：李晓捷主编，《实用小儿脑性瘫痪康复治疗技术》，人民卫生出版社；陈秀洁、姜志梅主编，《小儿脑性瘫痪运动治疗实践》，人民卫生出版社；徐开寿主编，《儿科物理治疗学》，中山大学出版社。 推荐设备：智慧康复课件——粗大运动“吃糖果”“找星星”。 **（2）教学方法** 训练过程中注意身体姿势的左右对称性。 在部分动作训练过程中融入认知的内容，告诉儿童该动作的意义（如摇头表示“不”，点头表示“是”）。 坐位和站立位的训练，可先给予身体支撑辅助，再慢慢撤销辅助。

续表

训练项目		目标与内容	教学建议
姿势控制	2. 翻身	**（1）仰卧位抬腿** 能够在仰卧位状态下，向上同时、交替抬双腿（包括伸直腿向上抬，屈曲腿向上抬）。 **（2）仰卧位转为俯卧位** 能够从仰卧位翻身转为俯卧位。 例如，能够在仰卧位下，屈曲右侧下肢，向左侧摆动，带动骨盆、身体、上肢向左侧翻身；再以同样的方法向右侧翻身。 **（3）俯卧位转为仰卧位** 能够从俯卧位翻身转为仰卧位。 例如，能够在俯卧位下，屈曲右侧下肢，右脚前脚掌蹬地，向左侧翻转，带动骨盆、身体、上肢翻转为仰卧位；再以同样的方法向右侧翻身。	**（1）教学准备** 推荐参考书：李晓捷主编，《实用小儿脑性瘫痪康复治疗技术》，人民卫生出版社；陈秀洁、姜志梅主编，《小儿脑性瘫痪运动治疗实践》，人民卫生出版社；徐开寿主编，《儿科物理治疗学》，中山大学出版社。 推荐设备：智慧康复课件——粗大运动“做早操”“包春卷”“采水果”。 **（2）教学方法** 训练过程中注意身体姿势的左右对称性。 训练结合游戏情景的形式完成。 儿童独自完不成的动作，康复师可辅助完成，再逐渐撤销辅助。
	3. 坐位控制	**（1）坐地面（侧坐、直腿坐）** 能够在侧坐、双腿直坐于地面的状态下，左右扭转躯干，并保持身体平衡。 **（2）坐座椅** 能够坐在有靠背的座椅上，保持平衡，并将身体一侧的物品拿到另一侧（物品与座椅同高）。 **（3）坐凳子** 能够坐在没有靠背的凳子上，保持平衡，并将身体一侧的物品拿到另一侧（物品与凳子同高）。	**（1）教学准备** 推荐参考书：李晓捷主编，《实用小儿脑性瘫痪康复治疗技术》，人民卫生出版社；陈秀洁、姜志梅主编，《小儿脑性瘫痪运动治疗实践》，人民卫生出版社；徐开寿主编，《儿科物理治疗学》，中山大学出版社。 推荐设备：Y7006 坐姿矫正椅、智慧康复课件——粗大运动“送小松鼠回家”。 **（2）教学方法** 座椅和凳子高度同儿童小腿长度。 康复师辅助动作逐渐撤销，直到儿童独自完成坐位及动作。 每个状态下的坐位训练，强调儿童姿势端正，左右对称。

续表

训练项目		目标与内容	教学建议
姿势控制	4. 爬行	**（1）腹爬** 能够俯卧在爬行垫上，独自向前匍匐爬行。 **（2）手膝爬行** 能够四点跪位，在爬行垫上，按照“右手—左脚—左手—右脚”的爬行动作顺序，向前爬行。 **（3）爬上、爬下斜坡** 能够四点跪位，向前爬上斜坡（30°左右），然后转弯，再爬下斜坡。 **（4）手足爬行** 能够双手和双脚着地，手足交替依次爬行。姿势：头抬起，双手五指分开着地，两臂与肩同宽，双脚着地分开约一肩半宽，脚前掌着地，膝微屈。（结束后可提示手向脚慢慢靠近，逐渐站起来。） **（5）爬上、爬下台阶** 能够爬上1层高约20cm的台阶，再转弯180°，爬下台阶。 **（6）爬行跨物** 能够爬行跨过1个高约20cm的平衡杠，能够爬过2个相距80cm的平衡杠。	**（1）教学准备** 推荐参考书：李晓捷主编，《实用小儿脑性瘫痪康复治疗技术》，人民卫生出版社；陈秀洁、姜志梅主编，《小儿脑性瘫痪运动治疗实践》，人民卫生出版社；徐开寿主编，《儿科物理治疗学》，中山大学出版社。 推荐设备：智慧康复课件——粗大运动“穿隧道”。 **（2）教学方法** 玩具诱导爬行训练。早期腹爬可借助楔形垫或斜坡从高向低爬行，或借助滑板，减少训练难度。康复师可扶着儿童的上臂交替向前，或者握着儿童的两小腿交替向前推动，再逐渐撤销辅助。 康复师提示儿童爬行时可拍其手臂或者大腿外侧，提示其向前爬行。 爬行训练时，可语言提示“右手—左脚—左手—右脚”，融入认知的训练。手足爬行时，康复师可在后面辅助固定儿童骨盆。连续爬上2层台阶，进行强化训练。
	5. 跪位控制	**（1）四点支撑跪位** 能够由侧坐位独自转向四点支撑跪位，并保持躯干在同一水平线上，保持15s。 **（2）两点双膝跪位** 能够由四点支撑跪位逐渐向后转为两点双膝跪位，并逐渐挺直腰身，保持15s。	**（1）教学准备** 推荐参考书：李晓捷主编，《实用小儿脑性瘫痪康复治疗技术》，人民卫生出版社；陈秀洁、姜志梅主编，《小儿脑性瘫痪运动治疗实践》，人民卫生出版社；徐开寿主编，《儿科物理治疗学》，中山大学出版社。 **（2）教学方法** 训练过程中注意身体姿势的左右对称性。 每个动作坚持时间从少到多，并逐步能够保持姿势做游戏等，依次增加难度。

续表

训练项目		目标与内容	教学建议
姿势控制	6. 站立	**（1）手扶站立** 能够在双手扶的情况下站立，能够在单手扶的情况下站立。 例如，单手扶站立时，可与儿童玩游戏，让儿童另外一只手伸向各个方向拿物品。 **（2）独自站立** 能够在无辅助下独自站立，并可以进行拍手、抱球的活动。 **（3）站位左右转身** 能够在独自站立时，左右转身伸双手拿物品（转身幅度逐渐增大）。 **（4）坐—站转换** 能完成由坐到站，再由站到坐的姿势转换。 例如，坐在椅子上，保持屈踝、屈膝、屈髋均为90°端坐位，按照“手扶前上方的单杠逐渐向前弯腰—抬屁股—下肢蹬地起身”的动作站起来。再按照“手扶单杠向后撅屁股—弯腰屈腿—坐下”的顺序进行站—坐的姿势转换。 **（5）跪—站转换** 能完成跪位向站立位、站立位向跪位的姿势转换。 例如，两点双膝跪位，双腿分开与肩同宽，按照“身体重心转移至左下肢—右下肢向前伸至全脚掌踩地—身体向右前，重心转移至右下肢—蹬地起身，同时左脚向前与右脚平齐”的顺序完成动作。站立状态下，右脚向后迈一步—同时屈曲双膝，重心下移至右膝盖着地—身体重心转向右膝，左脚向后移动至左膝与右膝平齐。	**（1）教学准备** 推荐参考书：李晓捷主编，《实用小儿脑性瘫痪康复治疗技术》，人民卫生出版社；陈秀洁、姜志梅主编，《小儿脑性瘫痪运动治疗实践》，人民卫生出版社；徐开寿主编，《儿科物理治疗学》，中山大学出版社。 推荐设备：立式踏步器、Y7007儿童站立架（电动）、Y7015电动起立床、Y7003静态平衡设备、智慧康复课件——粗大运动“穿隧道”“今天我是小管家”。 **（2）教学方法** 进行训练时，可教儿童唱喜欢的儿歌。 每个动作初始训练时，康复师给予辅助，训练成熟后，撤销辅助。 按动作顺序训练时，给予口令，进行动作认知训练。 训练跪—站转换时，可在地板上贴脚印，诱导儿童找到正确的位置。 做与举例相反的身体对侧肢体的动作（如跪—站转换训练时，重心先转移至右下肢）。

续表

训练项目		目标与内容	教学建议
姿势控制	7. 蹲—站转换	**（1）下蹲** 能做下蹲的动作并保持平衡。 例如，可按照“双手扶—单手扶—不扶—蹲下时伸手拿东西”的顺序进行训练，保持下蹲位平衡。 **（2）站立位转为下蹲位** 能完成站立位向下蹲位的姿势转换。 例如，按照“双手扶—单手扶—不扶”的顺序，从站立位转为下蹲位。 **（3）由下蹲位转为站立位** 能完成下蹲位向站立位的姿势转换。 例如，按照“双手扶—单手扶—不扶”的顺序，从下蹲位转为站立位。 **（4）连续蹲—站转换** 能够完成蹲—站转换的连续动作。 例如，按照“双手扶—单手扶—不扶”的顺序，练习蹲—站转换。	**（1）教学准备** 推荐参考书：李晓捷主编，《实用小儿脑性瘫痪康复治疗技术》，人民卫生出版社；陈秀洁、姜志梅主编，《小儿脑性瘫痪运动治疗实践》，人民卫生出版社；徐开寿主编，《儿科物理治疗学》，中山大学出版社。 推荐设备：Y7001 运动功能评估与康复训练设备（跳蹲能力训练）、Y7009 儿童肋木、Y7010 儿童蹦跳器、Y7014 儿童液压踏步器、平衡检测与训练系统。 **（2）教学方法** 遵循下蹲的动作要领，向前弯腰屈腿，站起时向前弯腰，重心前移站起。 将蹲—站训练融入游戏训练中。 转换训练时速度要慢，避免引起头晕摔倒。
	8. 单脚站立	**（1）辅助单脚站** 能够在单手扶栏杆的情况下完成单脚站立，每次坚持 5—15s。 **（2）独自单脚站** 能够在手不扶的情况下单脚站立 5—10s。	**（1）教学准备** 推荐参考书：李晓捷主编，《实用小儿脑性瘫痪康复治疗技术》，人民卫生出版社；陈秀洁、姜志梅主编，《小儿脑性瘫痪运动治疗实践》，人民卫生出版社；徐开寿主编，《儿科物理治疗学》，中山大学出版社。 推荐设备：单双杠。 **（2）教学方法** 训练时注意身体姿势的对称性。 练习单脚站立之初，可完成单脚站立的腿紧靠支撑的腿的动作。

续表

训练项目		目标与内容	教学建议
移动相关技能	9. 步行	**（1）跪走** 能够完成双膝跪走。 例如，可按照“双手扶—单手扶—不扶”的顺序，两点双膝跪位，直起腰身，向前跪走。 **（2）扶助下横向走** 能够双手扶与胸同高的单杠，向左或向右横向走。 **（3）向前迈步** 能够完成向前迈步的动作。 例如，迈半步：单手扶单杠，直立站位，重心转移至左腿—右腿向前迈过前面高 15cm 的单杠，同时重心前移至右腿—重心后移至左腿，退回右腿。 迈一步：单手扶单杠，直立站位，重心转移至左腿—右腿向前迈过前面高 15cm 的单杠，同时重心前移至右腿—左腿向前迈过单杠，反复练习。 **（4）扶助下向前行走** 能够在扶助下向前行走。 例如，双手扶—单手扶单杠，独自向前行走。 **（5）不扶助独自向前、向左、向右行走** 能够在不扶助的情况下向前、向左、向右行走。	**（1）教学准备** 推荐参考书：李晓捷主编，《实用小儿脑性瘫痪康复治疗技术》，人民卫生出版社；陈秀洁、姜志梅主编，《小儿脑性瘫痪运动治疗实践》，人民卫生出版社；徐开寿主编，《儿科物理治疗学》，中山大学出版社。 推荐设备：运动康复训练器械（01 步态训练设备）、Y7005 减重步态训练器、Y7003 静态平衡设备、Y7009 儿童肋木、Y7012 儿童平行杠、Y7014 儿童液压踏步器。

续表

训练项目		目标与内容	教学建议
移动相关技能	9. 步行	**（6）向前走转身 180°向回走** 能够向前走，然后转身 180°向回走。 例如，向前走，走到柱子时，围着柱子转 180°后往回走；向前走，听到指令“转身”时，自己转身 180°向回走。 **（7）在两条线内行走** 能够在相距 30cm 宽的直线 / 曲线间行走。 例如，地板上贴两条相距 30cm 的直线。嘱咐儿童只能在两条线内向前行走，脚不能跨过线边缘；地板上贴两条相距 30cm 的曲线，嘱咐儿童只能在两条线内向前行走，脚不能跨过线边缘。 **（8）向后行走** 能够一次半步、一次一步向后倒着走。 例如，半步走：站立位，重心转移至左下肢—右下肢屈曲，右脚向后迈步同时重心向后移至右下肢—左下肢屈曲，左脚向后与右脚同步。 一步走：站立位，重心转移至左下肢—右下肢屈曲，右脚向后迈步同时重心向后移至右下肢—左下肢屈曲，左脚向后至右脚后面一步，反复练习。 **（9）向前快走** 能够向前快走，为跑步做准备。 例如，打节拍让儿童向前行走，按照节拍由慢到快的顺序，加快其行走的速度。	**（2）教学方法** 行走时，如果足踝控制较差，可先穿矫形鞋。 行走训练前，进行骨盆稳定的核心肌群训练。行走时，康复师可辅助骨盆的控制。 扶走时，扶助物可以选择康复师的双手、单杠、绳子等，逐渐增加难度。 向左、向右行走训练时，可站在姿势镜前，让儿童眼睛向前看，而不是一直低着头看脚下。 向后行走时，康复师先握住儿童一侧脚踝，辅助其向后迈步。 向前行走时，注意脚跟先着地；向后行走时，注意脚尖先着地。

续表

训练项目		目标与内容	教学建议
移动相关技能	10. 上下楼梯	**（1）上楼梯** 能够两步一阶上楼梯。 能够一步一阶上楼梯。 **（2）下楼梯** 能够两步一阶下楼梯。 能够一步一阶下楼梯。	**教学准备** 推荐参考书：李晓捷主编，《实用小儿脑性瘫痪康复治疗技术》，人民卫生出版社；陈秀洁、姜志梅主编，《小儿脑性瘫痪运动治疗实践》，人民卫生出版社；徐开寿主编，《儿科物理治疗学》，中山大学出版社。 推荐设备：Y7013 儿童训练用阶梯。
	11. 跨物	**（1）跨过齐踝高度的障碍物** 能够双脚依次跨过齐踝高度的横杆。 **（2）跨过齐小腿中部高度的障碍物** 能够双脚依次跨过齐小腿中部高度的横杆。	**（1）教学准备** 推荐参考书：李晓捷主编，《实用小儿脑性瘫痪康复治疗技术》，人民卫生出版社；陈秀洁、姜志梅主编，《小儿脑性瘫痪运动治疗实践》，人民卫生出版社；徐开寿主编，《儿科物理治疗学》，中山大学出版社。 **（2）教学方法** 根据儿童能力，设置两步一个横杆抑或一步一个横杆。
	12. 攀爬	**（1）两步一格爬攀爬架** 能够两步一格爬上攀爬架，维持 5s 后，再爬下来。 **（2）一步一格爬攀爬架** 能够一步一格爬上 2 层攀爬架，维持 5s 后，再爬下来。	**（1）教学准备** 推荐参考书：李晓捷主编，《实用小儿脑性瘫痪康复治疗技术》，人民卫生出版社；陈秀洁、姜志梅主编，《小儿脑性瘫痪运动治疗实践》，人民卫生出版社；徐开寿三编，《儿科物理治疗学》，中山大学出版社。 推荐设备：Y7009 儿童肋木。 **（2）教学方法** 攀爬时，可将贴纸贴在攀爬杠上，诱导儿童手 / 脚抓 / 踩在贴纸上。 训练时，康复师在儿童身后做保护，避免其摔倒。

续表

训练项目		目标与内容	教学建议
移动相关技能	13. 跑步	（1）**向前跑步并停下来** 能够向前跑步，并能听口令停下来。 （2）**跑步并拐弯** 能够向前跑步，并能 180°转弯继续跑。 （3）**侧向并步跑** 能够左右侧向并步跑。	（1）**教学准备** 推荐参考书：李晓捷主编，《实用小儿脑性瘫痪康复治疗技术》，人民卫生出版社；陈秀洁、姜志梅主编，《小儿脑性瘫痪运动治疗实践》，人民卫生出版社；徐开寿主编，《儿科物理治疗学》，中山大学出版社。 （2）**教学方法** 跑步前，可先练习摆臂动作。 跑步速度可由慢到快。 侧向并步跑，可在地上贴脚印，引导儿童做侧向并步动作，然后逐渐加快速度，最后借助游戏强化训练。
	14. 踮脚尖走	（1）**踮起脚尖站立** 能够在不扶助的情况下踮起脚尖站立。 例如，可按照“双手扶—单手扶—不扶’的顺序，练习踮起脚尖站立。 （2）**踮起脚尖行走** 能够在不扶助的情况下踮起脚尖行走。 例如，可按照“双手扶—单手扶—不扶”的顺序，练习踮起脚尖行走。	（1）**教学准备** 推荐参考书：李晓捷主编，《实用小儿脑性瘫痪康复治疗技术》，人民卫生出版社；陈秀洁、姜志梅主编，《小儿脑性瘫痪运动治疗实践》，人民卫生出版社；徐开寿主编，《儿科物理治疗学》，中山大学出版社。 （2）**教学方法** 训练过程中，注意身体姿势的对称性。

续表

训练项目		目标与内容	教学建议
移动相关技能	15. 双脚跳	**（1）双脚跳弹床** 能够在不扶助的情况下在弹床上双脚齐跳。 例如，可按照“在弹床上站稳—双手扶助下在弹床上双脚跳—不扶助下在弹床上双脚跳”的顺序进行训练。 **（2）双脚原地跳** 能够完成双脚同时原地跳的动作。 例如，可按照“双手扶助下在原地跳—不扶助下原地跳，双脚离地 5cm—原地连续跳”的顺序进行训练。 **（3）双脚向前跳** 能够完成向前跳的动作，并逐渐增加跳远的距离。 例如，可按照向前跳 5cm、10cm、30—60cm 依次进行训练。 **（4）跳绳** 能够手脚配合完成跳绳的动作。 例如，可以按照双手握住绳子两端从身后向上甩到前面地面上，然后双脚跳过绳子 1 次，手脚配合连续跳 2 次绳子，逐渐增加次数进行训练。	**（1）教学准备** 推荐参考书：李晓捷主编，《实用小儿脑性瘫痪康复治疗技术》，人民卫生出版社；陈秀洁、姜志梅主编，《小儿脑性瘫痪运动治疗实践》，人民卫生出版社；徐开寿主编，《儿科物理治疗学》，中山大学出版社。 **（2）教学方法** 为安全起见，刚开始练习双脚跳时，尽量在较软的地垫上进行。

续表

训练项目		目标与内容	教学建议
移动相关技能	16. 骑车	**（1）骑儿童三轮车** 能够骑儿童三轮车，并能自己控制转大弯、转小弯，且可以自己从车上下来。 **（2）骑儿童滑板车** 能够驱动儿童滑板车，并向前滑行，且能够安全停下来。 例如，固定滑板车，让儿童单脚踏上去 另一只脚蹬地面向前滑行；儿童单脚踏在滑板车上，另一只脚蹬地面移动数次后再踩上滑板车。 **（3）骑儿童自行车** 能够骑后轮带有小轮支撑的儿童自行车，并能自己控制转大弯、转小弯，且可以自己从车上下来。	**（1）教学准备** 推荐参考书：李晓捷主编，《实用小儿脑性瘫痪康复治疗技术》，人民卫生出版社；陈秀洁、姜志梅主编，《小儿脑性瘫痪运动治疗实践》，人民卫生出版社；徐开寿主编，《儿科物理治疗学》，中山大学出版社。 推荐设备：下肢康复训练器、下肢功率车（坐式）、下肢功率车（骑式）、儿童三轮车、滑板车和自行车。 **（2）教学方法** 为安全起见，康复师可帮忙控制车头。
平衡与协调	17. 坐位平衡强化	**（1）坐位重心转移** 能够在坐位状态下进行身体重心的前后、左右转移而不摔倒。 例如，骑坐在圆柱滚筒上，左右摆动身体，双脚交替踩地向前移动。 **（2）坐位动态平衡** 能够在坐位状态下进行活动而不摔倒。 例如，坐在凳子上和康复师一起抛接球且不摔倒。	**（1）教学准备** 推荐参考书：李晓捷主编，《实用小儿脑性瘫痪康复治疗技术》，人民卫生出版社；陈秀洁、姜志梅主编，《小儿脑性瘫痪运动治疗实践》，人民卫生出版社；徐开寿主编，《儿科物理治疗学》，中山大学出版社。 **（2）教学方法** 按照给出的训练内容，在符合训练目的的基础上迁移其他游戏内容。

续表

训练项目		目标与内容	教学建议
平衡与协调	18. 站立位平衡强化	**（1）站立位抛接球** 能够在站立位状态下和康复师玩抛接球的游戏而不摔倒。 **（2）站立位拍球** 能够在站立位状态下自主拍球而不摔倒。	**（1）教学准备** 推荐参考书：李晓捷主编，《实用小儿脑性瘫痪康复治疗技术》，人民卫生出版社；陈秀洁、姜志梅主编，《小儿脑性瘫痪运动治疗实践》，人民卫生出版社；徐开寿主编，《儿科物理治疗学》，中山大学出版社。 推荐器材：大小不一、材质不同的球。 **（2）教学方法** 可逐渐变换球的质地和大小，逐渐增加难度。
	19. 行走平衡强化	**（1）摆臂行走** 能够双手摆臂配合原地踏步和双手摆臂向前步行。 **（2）在独木桥上行走** 能够在宽 20cm、高 20cm 左右的独木桥上行走。	**（1）教学准备** 推荐参考书：李晓捷主编，《实用小儿脑性瘫痪康复治疗技术》，人民卫生出版社；陈秀洁、姜志梅主编，《小儿脑性瘫痪运动治疗实践》，人民卫生出版社；徐开寿主编，《儿科物理治疗学》，中山大学出版社。 推荐设备：运动康复训练器械（03 平衡训练设备）、Y7011 引导式训练组合。 **（2）教学方法** 摆臂练习时，可借助两根体操棒，儿童两手握一端，康复师手握另一端，康复师带动儿童双手有节律地摆臂，然后再慢慢撤销辅助让儿童自己进行摆臂动作。 可配合有节律的音乐。 独木桥的路径可根据儿童能力进行变化，如直线、圆圈。
	20. 全身协调性训练	**（1）拍球走** 能够拍着球向前行走。 **（2）踢球走** 能够踢球且双脚带球走。	**教学准备** 推荐参考书：李晓捷主编，《实用小儿脑性瘫痪康复治疗技术》，人民卫生出版社；陈秀洁、姜志梅主编，《小儿脑性瘫痪运动治疗实践》，人民卫生出版社；徐开寿主编，《儿科物理治疗学》，中山大学出版社。 推荐设备：Y7002 情景互动训练系统、上下肢主被动康复训练器、运动功能评估与康复训练仪、划船运动器、多功能训练器（八件组合）。

（二）精细运动

训练项目		目标与内容	教学建议
基本手部功能	1. 伸手	**（1）向前伸手** 能够向前伸出双手。 例如，儿童坐在桌子前，双手十指交叉、手臂放在滚筒上，向前推滚筒，直到把肩关节大范围拉开；在多感官教室内，鼓励儿童伸手向前，按拍声墙上的按钮；伸双手去接前面滚过来的大球。 **（2）跨中线向对侧伸手** 能够一手伸出跨过身体中线至身体对侧。 例如，儿童与康复师面对面坐着，儿童用右手跨过身体中线，去拍康复师的右手。 **（3）双手配合交替伸手** 能够完成双手配合交替伸手的动作。 例如，双手交替向前伸，类似连续打拳的姿势，逐渐加快速度。	**（1）教学准备** 推荐参考书：香港协康会编著，《小手指学堂：儿童小肌肉训练134课》，星岛出版社。 **（2）教学方法** 坐在桌子前时，保持凳子/座椅的高度为儿童屈髋、屈膝、屈踝90°，双脚掌着地。 做伸手训练时，提醒儿童眼神紧跟着活动的手移动。 训练目的不变的前提下，变化并延伸训练内容。
	2. 抓握	**（1）抓握圆环** 能够抓握符合手掌大小的圆环。 **（2）抓握小球** 能够抓握符合手掌大小的小球。 **（3）抓握纸杯** 能够掌握手掌的力度抓握纸杯。 例如，可先练习双手配合将一张纸抓皱；将准备好的、适合手掌大小的橡皮泥使劲抓烂，越烂越好，让儿童掌握用力和不用力抓握的区别；然后让儿童抓握纸杯，不能将纸杯抓变形（可在纸杯中装适量的水，让儿童练习抓握力度的控制）。 **（4）前三指抓握** 能够用前三指（拇指、食指、中指）抓握积木、木钉、钢钉、扣子等物品。	**（1）教学准备** 推荐参考书：香港协康会编著，《小手指学堂：儿童小肌肉训练134课》，星岛出版社。 推荐设备：手功能组合训练箱。 **（2）教学方法** 抓握时所选物品可由大到小（适合儿童的手掌）。 课程内容设置建议用游戏的形式呈现。 延伸至正确抓握勺子、牙刷等生活用品。

续表

训练项目		目标与内容	教学建议
基本手部功能	3. 放物	**（1）放下手中的物品** 能够将手中的物品放在指定的位置。 例如，让儿童将磁石放在白板上相应的位置，将纸杯口朝上放在桌子上。 **（2）将手中的物品放在大容器中** 能够将积木放在篮子、杯子等容器里面。 **（3）将物品放在小口容器里** 能够将物品放在较小口径的容器里。 例如，将木钉放在对应的木钉板中，将小珠子放进开口较小的瓶子中，把牙签从盒子顶端的小孔放进牙签盒中。	**（1）教学准备** 推荐参考书：香港协康会编著，《小手指学堂：儿童小肌肉训练134课》，星岛出版社。 推荐设备：木钉板。 **（2）教学方法** 可改变容器的位置和方向，让儿童训练不同方向的放物。 放物的扩展训练：将不同形状的积木放在对应的形状板中。
	4. 摇动	**（1）手摇摇铃** 能够来回45°角范围摇摇铃，能够来回90°角范围摇摇铃。 **（2）摇摇铃鼓** 能够跟着音乐节拍，有节律地摇动摇铃鼓。	**（1）教学准备** 推荐参考书：香港协康会编著，《小手指学堂：儿童小肌肉训练134课》，星岛出版社。 推荐设备：摇铃、摇铃鼓。 **（2）教学方法** 摇动的扩展训练：快速摇摇铃—跟着音乐节拍摇摇铃。 双手轮换做动作。
	5. 敲打	**（1）手拍桌面** 能够用手去拍桌面。 例如，桌面上铺上白纸，儿童手上印上水彩，让其把自己的手印拍在纸上；手电筒的光圈照在桌面上，让儿童伸手去拍光圈。 **（2）敲击桌面** 能够拿鼓槌敲击桌面，用力敲和轻轻敲交替练习。 **（3）一手拿物件，另一只手敲击** 能够一手拿小鼓，一手拿鼓槌，有节奏地敲鼓。 **（4）双手拿鼓槌敲鼓** 能够双手拿鼓槌，交替、配合节奏敲鼓。	**（1）教学准备** 推荐参考书：香港协康会编著.《小手指学堂：儿童小肌肉训练134课》，星岛出版社。 推荐设备：小鼓。 **（2）教学方法** 敲击的训练：结合音乐节拍来进行训练，让儿童掌握节奏感。 游戏的设置可延伸至其他内容，如用小锤将木钉一下一下地钉入钉板中。

续表

训练项目		目标与内容	教学建议
基本手部功能	6. 按压	**（1）手掌按压** 能够做手掌按压的动作。 例如，用手掌按压发声玩具；用手掌按压海绵，将里面的水挤出来；用手掌将圆球状的陶泥按压成圆饼状。 **（2）手指按压** 能够用不同的手指做按压动作。 例如，用手指按压钢琴键，用手指将条状的橡皮泥按出一个个小洞。 **（3）小小印章** 能够将底面有不同形状和颜色的印章，按任务要求印在纸上。	**（1）教学准备** 推荐参考书：香港协康会编著，《小手指学堂：儿童小肌肉训练134课》，星岛出版社。 推荐设备：陶泥、印章。 **（2）教学方法** 在游戏内容中延伸双手配合的训练。 以从食指、拇指、中指再到后两指的顺序进行手指按压训练。 小小印章游戏可通过减少印泥的量，逐渐增加按压的力度。
	7. 推拉	**（1）推玩具车** 能够用手将玩具车推向前方、左边、右边。 **（2）单手拉** 能够单手将不同方向的物品拉向自己。 例如，在玩具车上系一根绳子并放在儿童伸手才能够得着的前方，让其拿绳子一端，将车子拉向自己。 **（3）双手配合拉** 能够双手配合做同向、反向拉的动作。 例如，双手配合将卷尺从盒子中拉出来，双手配合将橡皮筋拉长。 **（4）推球** 能够单手、双手交替推着大球向前走。 **（5）推开门** 能够手握房门把手，从房门外推开门进房间。 **（6）拉开门** 能够手握房门把手，从房门内拉开门出房间。 **（7）推车** 能够独自推手推车或购物车。 例如，让儿童推玩具购物车在模拟超市购物，将需要购买的物品放入购物车，然后继续推购物车向前走。 **（8）拉车** 能够单手、双手拉着购物车，向前走。	**（1）教学准备** 推荐参考书：香港协康会编著，《小手指学堂：儿童小肌肉训练134课》，星岛出版社。 推荐设备：可调式磨砂板及附件、橡筋手指练习器。 **（2）教学方法** 推拉训练时，注意儿童肘关节的屈伸，而非身体向前向后。 以游戏的形式进行，如将不同类型的玩具车推向不同的模拟停车场，融入认知训练。 推球训练时，可进行力量和爆发力的强化训练，比如需要突然用力向前推球，使球能滚动到对面的墙边。

续表

训练项目		目标与内容	教学建议
基本手部功能	8. 打开	**（1）打开盖子** 能够自己打开瓶盖。 **（2）打开书** 能一次一页地翻软纸书。 例如，按照从硬纸书到软纸书的难易顺序开始练习，从一次多页到一次一页地翻开书。 **（3）打开夹子** 能用前两指或三指，打开晾衣架上的夹子；将夹子夹在纸板上。	**（1）教学准备** 推荐参考书：香港协康会编著，《小手指学堂：儿童小肌肉训练 134 课》，星岛出版社。 推荐设备：作业训练器。 **（2）教学方法** 打开盖子的难易程度选择从松到紧。 将训练内容延伸至游戏当中，制作成各种物品，如将夹子夹在纸上做成皇冠等。
	9. 叠放	**（1）套叠** 能够叠高 10 层以上的套杯。 **（2）叠高积木** 能够叠高 10 个以上的积木（积木大小 2cm×2cm×2cm）。 **（3）折纸** 能够将纸对折。 **（4）叠衣服** 能将衣服对折叠起来。	**（1）教学准备** 推荐参考书：香港协康会编著，《小手指学堂：儿童小肌肉训练 134 课》，星岛出版社。 推荐设备：套杯、积木。 **（2）教学方法** 训练中融入“大”“小”等认知教育内容。
	10. 拔插	**（1）单手拔插** 能将木钉从木钉板中拔出来，且能够插进去。 **（2）双手配合拔插** 能双手配合将笔帽拔下来，且能够插进去。 能将卡在一起的雪花片拔下来，且能够插进去。 **（3）拔河** 能与别人一起进行拔河比赛。	**（1）教学准备** 推荐参考书：香港协康会编著，《小手指学堂：儿童小肌肉训练 134 课》，星岛出版社。 推荐设备：手功能组合训练箱、木钉板、OT 综合训练工作台。 **（2）教学方法** 拔河训练时，注意培养儿童正确的姿势。

续表

训练项目		目标与内容	教学建议
手部操作技巧	11. 双手同向	**（1）双手同向搓** 能双手伸展，将面团 / 橡皮泥在面板上搓成长条状，做成面条。 **（2）双手捧雪花片** 能够把成堆的雪花片用双手捧起来，放进篮子里。 **（3）穿袜子** 能够双手拉袜子口的两端，将袜子穿在脚上。	**（1）教学准备** 推荐参考书：香港协康会编著，《小手指学堂：儿童小肌肉训练 134 课》，星岛出版社。 推荐设备：上螺母、引导性上肢协调训练器。 **（2）教学方法** 扩展力量的训练：变换不同质地的物品以增大难度。
	12. 双手反向	**（1）拧毛巾** 能够双手反方向旋转将毛巾拧干。 **（2）双手反向搓** 能够双手伸展，掌心相对反向搓，将面团 / 橡皮泥搓成长条状。 **（3）撕纸** 能够用双手的前三指捏纸的一边，一只手向前、一只手向后的方向用力将纸撕开。	
	13. 双手配合	**（1）拧螺丝** 能够一手固定螺丝板，另一手将螺丝帽拧下来。 **（2）吃饭** 能够一手固定碗，另一手拿勺子模拟吃饭。 **（3）上玩具发条** 能够一手固定玩具本身，另一手拧发条。	

续表

训练项目		目标与内容	教学建议
手部操作技巧	14. 手眼协调	**（1）插木钉** 能够一手拿木钉，另一手扶木钉板，准确地将木钉插入木钉板中。 **（2）形状对对碰** 能够将不同形状的形状块准确地放在形状板对应的洞内。 **（3）穿珠子** 能够一手拿竹签，另一手将糖葫芦大小的珠子穿到竹签上，模仿做糖葫芦；能够一手拿绳子，另一手拿珠子，将绳子穿进珠子后，改换原来拿绳子的手拿珠子，另一手拿绳子，将绳子穿进珠子。 **（4）扣扣子** 能够双手分别拿一对按扣的两半，双手配合将其扣在一起；能够将带扣子的衣服放在桌子上，练习扣扣子，并练习解开扣子；能够将带扣子的衣服穿到身上，练习解开扣子和系上扣子。 **（5）穿鞋带** 能够将鞋带依次穿入鞋带孔中（模拟鞋孔板—真实的鞋子）。	**（1）教学准备** 推荐参考书：香港协康会编著，《小手指学堂：儿童小肌肉训练134课》，星岛出版社。 推荐设备：手指插球器、手功能组合训练箱、木钉板、套圈、引导性上肢协调训练器、手平衡协调训练器、套彩盘。 **（2）教学方法** 木钉、珠子从大到小逐渐增加难度。 可设置其他游戏环节来完成手眼协调、手指分离动作的训练。 在进行这部分训练时，注重先让儿童了解全程动作操作技巧，然后再进行技能训练。
	15. 手指灵活性	**（1）移动** 能够手握笔的一端，一只手完成逐渐将笔的另一端移动至手掌中。 **（2）转动** 能用一只手的手指完成笔的转动。 **（3）推动** 能用一只手的拇指将放在该手四指根部的笔推至四指尖。 **（4）手指分离** 能够一只手的五个手指逐个伸出来、合起来、伸1—5的数字，四指分别与拇指对指，相邻两指将钢钉夹起来等。	**（1）教学准备** 推荐参考书：香港协康会编著，《小手指学堂：儿童小肌肉训练134课》，星岛出版社。 推荐设备：MusicGlove节奏手套、上肢协调功能练习器（手指）、手指阶梯。 **（2）教学方法** 将训练内容以游戏的形式进行，增强配合。 将训练内容进行延伸和扩展。

续表

训练项目		目标与内容	教学建议
书写及使用工具	16. 握笔技巧	**（1）掌心握笔** 能够拇指朝上，手掌握笔，在纸上涂涂画画。 **（2）手指握笔** 能够用手指握蜡笔，在纸上涂色。 **（3）前三指握笔** 能够使用比较粗的笔，用拇指和食指的指腹握笔，同时笔抵靠在中指远端指间关节上，笔的上端靠在拇指和食指之间进行写字。	**（1）教学准备** 推荐参考书：香港协康会编著，《小手指学堂：儿童小肌肉训练 134 课》，星岛出版社。 **（2）教学方法** 训练用的笔，可按照从粗到细的难易顺序进行，必要情况下，可借助握笔器进行训练。 前三指握笔的灵活性训练，可通过增加前三指活动的灵活性来进行强化，如将橡皮筋套在前三指上，通过手指屈伸活动将橡皮筋合上或撑开。
	17. 书写技巧	**（1）书写简单线条** 能够模拟画简单线条（“|”“—”“/”“\”“+”）。 **（2）书写简单图形** 能够模拟画简单图形（“○”“□”“△”）。 **（3）书写简单数字** 能够书写 1—7 的简单数字。 **（4）书写简单汉字** 能够模拟书写“大”“小”“天”“田”等简单汉字，再逐渐过渡到有偏旁部首的汉字。 **（5）书写复杂图形** 能够模拟画一些相对复杂的图形，如各种小动物。 **（6）书写控制训练** 能够将汉字写在田字格里面，不超出田字格的边框；能够在行距 0.5cm 的空行内画直线，不超过空行的上下缘。 **（7）涂色** 能够将不同颜色涂在不同色块卡中，不超过色块边界。	**（1）教学准备** 推荐参考书：香港协康会编著，《小手指学堂：儿童小肌肉训练 134 课》，星岛出版社。 **（2）教学方法** 可按照“临摹—模拟—听指令书写”的难易顺序进行书写。 书写简单图形时，注意首尾接触。 如果汉字书写达不到横平竖直以及按照起笔和落笔的顺序，可用仿画技巧训练进行强化。如图 4-1 所示，从箭头处开始进来，走迷宫，沿两个三角形之间的空白路径进行斜线的练习，康复师可根据训练目的设置障碍物的形状和位置。 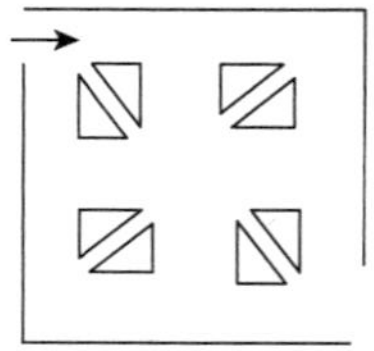 图 4-1　斜线迷宫图

续表

训练项目		目标与内容	教学建议
书写及使用工具	18. 使用文具	**（1）橡皮的使用** 能够一手固定纸，一手拿橡皮将铅笔字擦干净。 **（2）小刀的使用** 能够拿木头刀将玩具水果切开，能够拿金属小刀将条状的橡皮泥切开，能够使用金属小刀削铅笔。 **（3）胶水的使用** 能够将胶水涂在小贴纸上，然后将贴纸贴在纸板相应的位置。 **（4）使用剪刀** 能够使用安全剪刀随意剪纸的任何一个部位，能够使用安全剪刀将一张纸剪成两半，能够使用金属剪刀沿着纸上的直线剪，能够使用金属剪刀将画在纸上的正方形、圆形剪下来。 **（5）手工折纸** 能够将纸对折 2 次成正方形；能够将正方形沿对角线对折成三角形；能够将一张纸折成一个圆筒，并把相接的边缘粘在一起；能够完成手工课上的折纸任务。 **（6）使用铅笔刀** 能够使用各种类型的铅笔刀。	**（1）教学准备** 推荐参考书：香港协康会编著，《小手指学堂：儿童小肌肉训练 134 课》，星岛出版社。 推荐设备：模拟作业工具。 **（2）教学方法** 使用橡皮时，注意力度的控制，不能将纸弄破或弄皱。 使用小刀和剪刀时，注意安全。
力量强化	19. 肩周力量	**（1）双肩外展** 能够抵抗一定的阻力进行肩关节的外展动作。 例如，身体正中位（坐或站），双肩外展 90°打开，坚持时间从 5s 到 30s 逐渐增加；双手提小桶，重复以上动作；逐渐往桶内装物品增加小桶重量，重复以上动作。 **（2）双肩前屈** 能够抵抗一定的阻力进行肩关节的前屈动作。 例如，双手向前平伸 90°打开，坚持时间从 5s 到 30s 逐渐增加；双手提小桶，重复以上动作；逐渐往桶内装物品增加小桶重量，重复以上动作。	**（1）教学准备** 推荐参考书：香港协康会编著，《小手指学堂：儿童小肌肉训练 134 课》，星岛出版社。 推荐设备：上肢推举训练器、肩关节康复器、肩关节回旋训练器、肩梯、滑轮吊环训练器、系列哑铃。 **（2）教学方法** 如果儿童无法完成坐位或站位的肩膀稳定性训练，或者在完成训练时躯干控制较差，可先让儿童在仰卧位下完成以上动作。

续表

训练项目		目标与内容	教学建议
力量强化	20. 肘周力量	（1）**肘关节屈伸** 能够抵抗一定的阻力进行肘关节的屈伸动作。 例如，拿哑铃进行肘关节屈伸的训练。 （2）**前臂旋前、旋后** 能够抵抗一定的阻力进行前臂旋前和旋后动作。 例如，双手各拿一个纸杯，右手的杯子里装一些珠子，将珠子倒入左手的空杯子里，双手交替玩；双手各拿一个纸杯，右手的杯子里装一些珠子，两前臂交叉，右前臂旋后，将珠子倒入左手的空杯子里，双手交替玩。	（1）**教学准备** 推荐参考书：香港协康会编著，《小手指学堂：儿童小肌肉训练134课》，星岛出版社。 推荐设备：肘关节康复器、前臂与腕关节运动器、前臂旋转练习器、肘关节牵引训练椅（可调式）、肢体康复器。 （2）**教学方法** 如果是痉挛性脑瘫儿童，肘关节的训练以伸展训练为主，屈伸训练在不引起肌张力增高的情况下进行。
	21. 腕周力量	（1）**屈腕力量训练** 能够抵抗一定的阻力进行腕关节掌屈的动作。 例如，前臂不动，进行腕关节屈曲的抗阻训练。 （2）**伸腕力量训练** 能够抵抗一定的阻力进行腕背伸的动作。 例如，前臂不动，进行腕关节伸展的抗阻训练。 （3）**腕部旋转** 能够抵抗一定的阻力进行腕关节旋转的动作。 例如，康复师和儿童面对面进行掰手腕，提醒儿童前臂和手腕用力。	（1）**教学准备** 推荐参考书：香港协康会编著，《小手指学堂：儿童小肌肉训练134课》，星岛出版社。 推荐设备：上肢协调功能练习器（腕）、腕部功能训练器、腕关节屈伸训练器、腕关节旋转器。 （2）**教学方法** 做腕关节训练时，注意避免前臂和肘关节的代偿。

（三）感知觉及感觉统合

训练项目		目标与内容	教学建议
视觉	1. 视觉注意	**（1）视觉敏锐力** 能对各种视觉刺激有反应，能分清红、白、黄、绿、蓝等颜色，能分清圆形、正方形、三角形、长方形等形状。 **（2）视觉注意** 能注视到不同位置的固定点或线，能注视到沿不同方向运动的点或线。 **（3）注视双手** 能够双眼注视在双手上。 例如，将彩色的贴纸贴在儿童手心或手背，让儿童注视；让儿童用双手按压带响声的泡泡纸，吸引其眼睛注视双手。	**（1）教学准备** 推荐设备：视觉康复设备、多媒体多感官教室。 **（2）教学方法** 训练的过程中，重点关注儿童的表现，观察其对视觉刺激的相应反应。 尽量利用多媒体视频，教学具可多选择色彩鲜艳、贴近生活的实物玩具或图片，吸引儿童的注意力。
	2. 视觉追踪	**（1）点线追踪** 视线能追随有规律运动的点、线或笔画，如能追随沿三角形运动的光点或线，并指认出呈现过的形状，能追随简单汉字的运动笔画，并指认出呈现过的简单汉字。 **（2）物体追踪** 能追视沿着不同路径快速移动的物体。 **（3）人体追踪** 能追视眼前移动的人。	**（1）教学准备** 推荐设备：视觉康复设备、多媒体多感官教室。 **（2）教学方法** 可以采用实物、图片、多媒体等激发儿童的兴趣。训练时呈现的目标物为一个，目标物呈现的大小和远近要适中。目标物移动要有一定的规律，如移动的方向先左右再上下，移动的速度由慢到快，移动的角度由小到大，移动的线路从直线到曲线。

续表

训练项目		目标与内容	教学建议
视觉	3. 视觉辨别	**（1）辨别物品与人像** 能辨别出哪些是自己的物品，能辨别出自己与他人的不同。 例如，将小朋友的书包 / 鞋子放在一起，让其辨认出哪个是自己的；一张集体照中，让其找出哪个是自己。 **（2）辨别主体与背景** 能通过视觉刺激区分出哪些属于主体，哪些是背景。 例如，一幅画有公园的彩色图画中，儿童能够区分出来哪里是步行道。 **（3）找相同和找不同** 能找出两幅图中相同的部分，能找出两幅图中不同的部分。 **（4）感知方位** 能区分不同方位的人或物品。 例如，能区分人或物的大小、远近、上下、左右、前后等位置关系。	**（1）教学准备** 推荐设备：视觉康复设备、多媒体多感官教室。 **（2）教学方法** 辨别物品与人像，除了举例的物品，可扩展到儿童日常生活用的其他物品，人像可扩展到其周围常见的人像图片。
	4. 视觉记忆与再现	**（1）察觉事物消失** 能够察觉到人或物品从原来的位置消失。 例如，桌子上放了几个水果，康复师将其中一个拿走，过一会儿问儿童是什么水果不见了。 **（2）视觉模仿** 能利用视觉完成动作模仿，能利用视觉再现消失的物体空间结构。 例如，模仿康复师做粗大运动、精细运动、口部动作、手势动作等动作；模仿康复师搭出不同颜色 / 形状顺序或不同高低的物体空间结构，然后将康复师搭的物体推倒或打乱，让儿童回忆并自己搭出一样的。 **（3）辨别局部与整体的关系** 能够辨别出图像缺少哪部分；能够根据呈现出的物体的局部，推导出整个物体是什么。 例如，人像中缺少眼睛 / 嘴巴 / 鼻子等，让儿童说出缺少的部分；将图片中猫的图案的一半剪掉，仅根据另一半让儿童说出这是什么动物。	**（1）教学准备** 推荐设备：视觉康复设备、多媒体多感官教室。 **（2）教学方法** 对于呈现的物品和模仿动作，可根据儿童的实际能力给出难易程度的变化，重点是考察视觉的记忆与再现。如果是由于精细运动障碍导致不能模仿动作或仿搭积木，那么儿童能够说出来也可以。

续表

训练项目		目标与内容	教学建议
听觉	5. 听觉注意	**（1）听觉察知** 能够在无刻意注意的状态下聆听并感知声音的有无，能够在有意识的状态下聆听并感知声音的有无。 例如，与儿童做游戏，游戏中根据游戏人物出现环境声、言语声、音乐声等声音，儿童听到声音后能够有一定的反应；提醒儿童注意听环境声、言语声、音乐声等声音的有无，并做出指定的反应。 **（2）听觉注意** 能够听到目标声音后按照规定的指令做出反应。 例如，在给儿童读一段话时，要求其听到目标词后举手示意。	**（1）教学准备** 推荐设备：听觉康复设备、多媒体多感官教室。 **（2）教学方法** 察知的早期阶段可先借助视觉图像辅助，再逐渐撤销辅助。 声音材料在强度方面应从大到小，频率方面从频率组合到频率分解，长短方面从长到短，快慢方面从慢到快。
	6. 听觉分辨	**（1）综合分辨** 能区分多维度差异的语音。 **（2）精细分辨** 能区分在时长、强度、频率、语速等方面仅存在一个主要维度差异的语音。	**教学准备** 推荐设备：听觉康复设备、多媒体多感官教室。
	7. 听觉识别	**（1）听觉记忆** 能够回忆起刚听过的声音。 例如，与儿童进行简单对话，间隔一分钟后让其回忆刚才说了什么；或者告诉儿童报警电话、急救电话、火警电话等，间隔几分钟后让儿童回忆。 **（2）听觉识别** 能通过听觉识别不同的词语和音位。	**（1）教学准备** 推荐设备：听觉康复设备、多媒体多感官教室。 **（2）教学方法** 听觉记忆逐渐扩展至记忆父母的电话号码、家庭地址、父母工作单位地址等。

续表

训练项目		目标与内容	教学建议
听觉	8. 听觉理解	（1）**词语理解** 能理解听到的单条件、双条件和三条件词语。 （2）**短文理解** 能听懂并理解短文，并回答提出的问题。	（1）**教学准备** 推荐设备：听觉康复设备、多媒体多感官教室。 （2）**教学方法** 单条件词语包括名词、动词和形容词，双条件词语和三条件词语包括介宾短语、主谓短语、并列短语、偏正短语和动宾短语。例如，鼻子和眼睛，西瓜、草莓和橘子。
嗅觉	9. 嗅觉的敏锐性	（1）**闻到基本气味** 能够感知到香味、酸味、臭味等基本气味。 （2）**闻到特殊气味** 能够感知到薄荷味、腐腥味、煤气味等特殊气味。	（1）**教学准备** 推荐设备：多媒体多感官教室。 （2）**教学方法** 可借助多感官教室中的气味墙，训练对基本气味的嗅觉辨别。 将气味的训练与认知训练融合在一起。
	10. 嗅觉辨别	（1）**分辨基本气味** 能够分辨香味、酸味、臭味等基本气味之间的不同。 （2）**分辨特殊气味** 能够通过嗅觉分辨出薄荷味、腐腥味、煤气味等特殊气味之间的不同。	
	11. 嗅觉记忆	能够闭上眼睛闻 2 种或多种气味，指出哪个是刚才闻过的。	
味觉	12. 味觉的敏锐性	（1）**感知基本味觉** 能够感知酸、甜、苦、辣、咸等基本味觉。 （2）**感知水果的味道** 能够感知到苹果、香蕉、葡萄、橘子等水果的味道。	（1）**教学准备** 推荐设备：多媒体多感官教室。 （2）**教学方法** 将味道的训练与认知训练融合在一起。
	13. 味觉辨别	（1）**辨别基本味觉** 能够辨别出哪个更酸、更甜、更苦、更辣、更咸。 （2）**辨别常用食物的味道** 能够辨别 2 种或多种常用食物味道的不同。	
	14. 味觉记忆	能够闭上眼睛品尝 2 种或多种食物，指出哪个是刚才尝过的。	

续表

训练项目		目标与内容	教学建议
触觉	15. 触觉的敏锐性	**（1）触摸感知不同质地、形状的物品** 能够通过触觉感知物品的质地和形状。 例如，给儿童玩不同质地、形状、大小的物品或玩具（如积木、触觉球、乒乓球、海绵等等），让儿童感受并加以区分。 **（2）感知身体部位刺激** 能够感知身体部位受到的刺激。 例如，① 大笼球滚压（被动）：儿童仰卧位或俯卧位，康复师将大笼球放在儿童身体上做动态的滚动和静态的挤压（四肢等部位可换用小球进行）。② 海洋球池“戏水”（互动）：几名儿童并排在海洋球池中，手或手脚并用向后划球，模拟“赛龙舟”，或儿童互相在海洋球池中“打水仗”，向对方身上扔海洋球。 **（3）感知物体温度** 能够感受冷、热等物体，能够有痒、疼等感知觉。	**（1）教学准备** 推荐设备：感觉统合训练器材、多媒体多感官教室。 **（2）教学方法** 触摸不同质地、形状的物品时，融入认知训练，认识这些物品的属性。 触觉刺激的训练可结合刺激物的面积大小、强度、持续时间、刺激间距以及刺激物的物理属性（软硬、光滑度、形状）等静态信息进行内容设计。
	16. 触觉辨识	**（1）形状触觉辨识** 能够仅通过触觉辨识物体的形状。 例如，将不同形状的积木放在布袋子里，让儿童手伸进去，根据康复师给予的指令把相应形状的积木摸出来；将物品藏在一大块橡皮泥 / 和好的面团中，让儿童双手伸进去把藏在里面的物品找出来。 **（2）质地触觉辨识** 能够仅通过触觉辨识物体的大小、长短、软硬、粗糙与光滑等。 **（3）精细辨识** 视觉信息阻断下，能够辨识身体受到两处刺激的距离。 例如，视觉信息阻断下，拿棉签碰触腿上的两个部位，然后再碰触另外两个部位，问儿童哪两个部位的距离较远。	**（1）教学准备** 推荐设备：感觉统合训练器材、多媒体多感官教室。 **（2）教学方法** 可结合刺激物的方向变化、频率变化、连续性以及多个刺激之间的衔接或整合等动态信息进行内容设计。 注意有心血管疾患、肥胖等儿童不宜采用俯卧位。
	17. 触觉记忆	能够感受到刚才接受的触觉刺激。	**教学准备** 推荐设备：感觉统合训练器材、多媒体多感官教室。

续表

训练项目		目标与内容	教学建议
前庭觉	18. 前庭觉调节	**（1）摆荡** 能够感知身体左右摆荡时的位置变化，并保持平衡。 例如，儿童趴在吊马上，手脚夹抱筒体，康复师前后或左右晃动吊马绳索，让儿童身体跟随吊马摆动。 **（2）旋转** 能够感知身体旋转时的位置变化，并保持平衡。 例如，儿童坐在绳缆悬吊的圆筒上，手脚夹抱筒体，康复师旋转圆筒绳索，让儿童身体跟随圆筒进行旋转训练。 **（3）滚动** 能够感知身体滚动时的位置变化，并保持平衡。 例如，儿童坐在大陀螺里面，双手抓住陀螺边缘，康复师转动大陀螺，让儿童随着大陀螺滚动。 **（4）前后加速度** 能够感知身体前后方向加速度的变化，并保持平衡。 例如，将滑板放在滑梯顶端，儿童俯卧在滑板上，双手向前伸，双脚伸直，康复师助推，滑板及儿童从滑梯顶端向下滑。 **（5）上下加速度** 能够感知身体上下方向加速度的变化，并保持平衡。 例如，康复师和儿童面对面站在蹦蹦床上手拉手，康复师和儿童一起做原地跳，逐渐增大跳跃幅度。（逐渐撤销辅助，让儿童自己完成。）	**（1）教学准备** 推荐设备：感觉统合训练器材、多媒体多感官教室。 **（2）教学方法** 前庭功能训练强度取决于加速度的大小及训练的持续时间，加速度越大，持续时间越长，训练强度越大。 训练中可先进行刺激强度较小的训练（摆荡、震动），然后进行刺激强度较大的训练（旋转、滚动），并逐步延长训练时间。 训练中儿童出现不适时，可静息 2—3 分钟，然后进行其他训练项目，避免儿童产生恐惧或厌烦。 训练中渗透认知教育、心理支持等。 需特别注意安全防护问题。
	19. 前庭觉辨别	**（1）走走停** 能够控制身体移动和静止动作的准确转换。 例如，康复师有节奏地喊“小脚踏踏走，小脚停下来”，然后儿童就从移动的状态转变为停止状态。 **（2）蒙眼过桥** 结合本体觉，能够感知身体移动的方向及速度。 例如，康复师让儿童先看下自己要走的路线，然后用眼罩将儿童眼睛蒙上，即将儿童视觉系统屏蔽，让儿童尽力往终点移动。	**（1）教学准备** 推荐设备：感觉统合训练器材、多媒体多感官教室。 **（2）教学方法** 身体动作转换时可以从慢速到快速，可以加入旋转等头部移动的活动。 在蒙眼过程中，确保儿童没有面部触觉防御。确保儿童安全。

续表

训练项目		目标与内容	教学建议
本体觉	20. 双侧统合	**（1）上肢双侧统合** 能够准确控制上肢双侧动作的力度、方向、幅度和速度以及上肢的协调性等。 例如，让儿童和康复师或其他儿童一起，进行抛接球的训练，可变换球的质地和大小，让儿童感知出手的力度和方向。可延伸至羽毛球、网球等的训练。 **（2）下肢双侧统合** 能够准确控制下肢双侧动作的力度、方向、幅度和速度以及双下肢交替动作等。 例如，儿童在S形独木桥上行走，可变换成向前走、侧面走等；让儿童和康复师或其他儿童一起，进行踢足球的训练，训练儿童下肢踢球和控制球的力度和方向。 **（3）上、下肢同时双侧统合** 能够准确控制全身运动动作的力度、方向、幅度和速度等。 例如，让儿童攀爬绳网，进行手脚的协调性及方向感知的本体觉训练。	**（1）教学准备** 推荐设备：感觉统合训练器材、多媒体多感官教室。 **（2）教学方法** 可通过独木桥高低的变化以及让儿童手抱球行走增加训练难度。 训练开始的早期（1—3 次）避免出现生理疲劳、肌肉酸痛或拉伤等现象。随着训练技能掌握，逐步增加训练强度，呈现轻度的生理疲劳。
	21. 本体觉调节	**（1）弹跳于治疗球 / 蹦床上** 增加下肢的关节挤压、增加下肢肌肉紧张度，提供丰富的本体觉信息输入。 例如，儿童站在治疗球 / 蹦床上，在康复师的保护或辅助下，进行有节奏的上下反复蹦跳。 **（2）固定小沙袋** 在活动中，可以增加所用肌肉肌梭的数量。 例如，将重量适当的小沙袋固定在儿童的肢体末端处，并配合相应的活动，比如上下楼梯等。	**（1）教学准备** 推荐设备：感觉统合训练器材、多媒体多感官教室。 **（2）教学方法** 在活动设计中，要注意节奏感。固定的小沙袋要从最少量开始，避免儿童疲劳。

续表

训练项目		目标与内容	教学建议
本体觉	22. 动作计划	**（1）接球 / 沙包** 能够在玩丢球 / 沙包的游戏时，接住球 / 沙包。 例如，儿童与康复师或同伴玩丢球 / 沙包游戏，儿童站在中间，康复师或同伴站在两边，分别将球 / 沙包丢向儿童，儿童能够接住对面抛来的球 / 沙包。 **（2）跳房子游戏** 能够与康复师或同伴玩跳房子游戏。 例如，按照跳房子游戏的规则与康复师或同伴玩游戏：画好跳房子的格子，然后单脚跳进方格 1 中，接下来换脚跳进方格 2，其间必须一直保持一个脚站立，另一个脚不能着地。就这样按照“1—9”的顺序，单脚轮换往下跳，到终点后再按同样的方法跳回来，返回时顺便捡起沙包，最终跳出来，然后将沙包丢进方格 2，再次重复刚才的跳法。	**（1）教学准备** 推荐设备：感觉统合训练器材、多媒体多感官教室。 **（2）教学方法** 在接球时，尽量转换角度进行扔投，开始时可以直线抛球，然后换弹跳球提高难度。 在玩跳房子游戏时，可根据儿童个人能力调整跳房子游戏格子画法的难度，如图 4–2 所示： 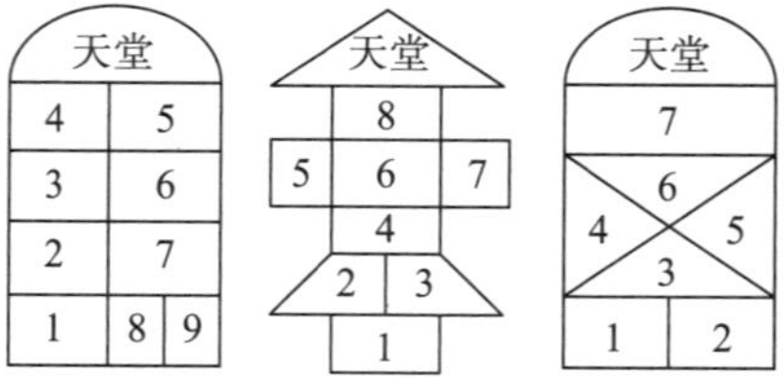 图 4–2　跳房子游戏格子画法
	23. 本体觉辨别	**（1）袋鼠跳** 多名儿童一起进行袋鼠跳，注意避开迎面而来的伙伴，可同时数数。（本游戏可同时训练本体觉、前庭觉、视觉。） **（2）跳转平衡台** 多个小的平衡台摆放成不同的方位，两个相邻平衡台之间的失衡向度成一定角度，增加儿童多方向刺激的训练。（本游戏可同时训练前庭觉、本体觉、视觉。） **（3）智勇大通关** 将以上感觉统合训练所涉及的工具摆放成一定的路径，让儿童逐个通关完成各项活动，进行多感官的统合训练。（本游戏可同时训练前庭觉、本体觉、触觉、视觉。）	**（1）教学准备** 推荐设备：感觉统合训练器材、多媒体多感官教室。 **（2）教学方法** 训练人员要有“统合”意识，注意训练内容的延伸和扩展。 训练人员要对儿童有全面了解。 适时开展相关概念、术语的认知教育。 需特别注意安全防护问题。

五、课程实施建议

（一）训练建议

1. 训练目标准确定位，内容扩展并延伸至生活

运动康复训练以普通儿童运动发育水平为参考，对儿童进行精准评估，根据评估结果制定清晰、明确的康复训练目标。针对不同儿童之间的差异，每节课制定的目标也有一定的差异，让儿童能够有进步，又不要求过高，每次教学不宜有过多的达成目标。在目标明确的前提下，以已给出的训练方法为基础，对具体训练内容进行细化和扩展，并延伸至日常生活能力的训练当中。

2. 训练内容符合人体运动功能发育规律以及运动技能形成规律

儿童运动障碍的治疗要遵循人体运动功能发育的一般规律，人体生长发育遵循由头到尾、由近端向远端、由粗大到精细、由低级到高级的规律。课程内容的安排基本按照运动发育规律进行设计，要求康复师在内容的扩展及延伸中，也应该考虑人体运动发育规律。

运动技能的形成包括运动技能的获得阶段—运动技能的改进阶段—运动技能的稳定阶段—动作的自动化阶段这四个过程，从而达到熟练掌握的程度。在对儿童进行运动训练时，首先也是要以正确的示范帮助儿童掌握动作，这个时候不要过多地强调细节。在不断练习的过程中，儿童对动作有了初步的理解，一些不协调和多余的动作也会减少，这个时候康复师应注意纠正儿童的错误动作，让其体会动作的细节。再通过进一步的反复练习，进行巩固，儿童慢慢地会对这个动作很熟练。如果在动作获得阶段过多地强调动作的细节，会增加难度，降低儿童的信心。

3. 训练主要以游戏情景的形式完成，充分调动儿童参与的主动性

将训练活动以有趣的游戏形式展开，设定游戏任务，让儿童扮

演游戏中的角色，在完成任务的同时能够达到训练的目的。而且，在活动当中，要以儿童为中心，充分调动其参与性。如训练精细运动中的“推拉”项目时，设计的游戏环境为将各种类型的玩具车停进模拟停车场，可以让儿童选择自己喜欢的车，并将其送到停车场，而不是直接给儿童一辆车，让其完成任务。儿童自己选择的，会比较愿意配合完成任务。

4. 训练组织形式的多样性、丰富性

运动训练过程中常见的组织形式有三种：集体训练、小组训练和个别化训练。此外，康复师可结合实际情况，在训练中采用合作学习、同伴教学等形式。究竟采用何种方式，要根据受训儿童的具体情况、儿童数量、训练场地的差异性、教育训练的内容和软硬件资源状况等确定。

5. 训练材料的充分性、多样性

运动训练可供选择的素材有很多，如多媒体课件、玩教具、自制材料等。在训练过程中要综合多种材料，参考推荐设备，整合多媒体设备的集成性、控制性和交互性，玩教具的补偿性、转换性和操作性，自制材料的针对性和方面性，结合儿童实际情况，综合选择训练材料，让儿童在轻松愉快的环境中动手动脑，接受教育。

6. 安全防护问题

运动训练的课堂上，非常重要的是安全防护问题。在任何游戏环节的设定上，首先要考虑的就是儿童在做任务时的安全问题，设置安全保护措施，以防儿童摔倒。而且，针对特殊需要儿童来说，在运动训练过程中或许还会诱发心血管异常、脑血管异常、癫痫等一系列问题，在对儿童进行训练强度的设定时，要充分了解儿童的基本身体状况。

（二）评估建议

1. 评估的目的和意义

评估是运动康复课程实施中的重要一环，是开展康复训练的基础。评估包括对儿童能力的前期评估、中期评估以及末期评估，构成一个整体的评估体系。

开展前期评估的目的在于了解儿童在训练方面的学习需要，找出儿童已达到的学习基线，制订相应的学习计划。在训练过程中进行中期评估，有助于康复师了解儿童的学习过程，及时修改和调整训练计划。末期评估能够提供教学反馈，检验训练效果，为下一阶段训练教学找准目标。

教学中对儿童的评估可参照本标准中的目标与要求，以目标为导向评估儿童的学习效果，并根据实际有针对性地探索适合不同儿童的评估指标体系。

2. 评估的原则和方法

（1）评估的内容可包括收集资料、分析资料、设定训练目标和制订治疗方案。

收集资料包括采集病史、检查与测量；分析资料是将收集到的资料进行归纳和分类整理，确定问题以及儿童残存功能或能力；设定训练目标是根据评估结果制定近期目标和远期目标；制订治疗方案是根据训练目标制定具体治疗方法，有针对性地进行康复训练。

（2）强调整体发育评定的重要性。

运动康复评估要以普通儿童整体发育为对照，进行身心全面的评定。即要把特殊需要儿童看成是一个整体来进行全面的评估，不仅评估运动功能障碍情况，而且要考虑特殊需要儿童整体发育、智能、语言等方面的表现。

（3）结合 ICF（*International Classification of Functioning*, *Disability and Health*,《国际功能、残疾和健康分类》）理念，注重残存能力、环境方面的评估。

重视特殊需要儿童异常发育特点，即重视脑发育的未成熟性和异常性、原发损伤和继发障碍，不仅评定其存在的缺陷，而且要注重特殊需要儿童现有的能力和潜能。

要结合特殊需要儿童所处的学校、家庭和社区状况，对特殊需要儿童进行评估，因为社会环境因素对特殊需要儿童各个方面的发展起着重要作用。

（4）评估与治疗相结合，评估贯穿全程。

坚持以评估为前提的原则，即特殊需要儿童运动能力的康复治疗，应贯穿以评估为开始、以评估为结束的原则。

（5）选择与国际接轨的通用评估方法。

在选择评估方法时，应首选国际通用、标准化的方法，以便于国际交流。在满足评估目的的前提下，选择信度、效度水平高的方法。

（三）保障课程实施的建议

1. 康复师配备

医院、康复中心和特殊教育学校应配备专（兼）职康复师任教，支持康复师接受专业培训。医院、康复中心和特殊教育学校可以聘请相关专业人士（如物理治疗师）担任教学任务，或指导本校专（兼）职康复人员开展教学工作。

为保证对儿童运动康复能力进行科学评估并进行有效教学，在必要时可配备助教康复师，协助教学与评估工作。

2. 课程资源开发利用

积极开发并合理利用校内外各种课程资源。充分发挥医院、康复中心和特殊教育学校各类教学设施和实践基地的作用，广泛利用校外的各种社会资源以及丰富的自然资源，积极利用并开发运动康复课程资源，丰富课程内容，有利于儿童对课程内容的理解，有利于儿童的发展。

3. 教学管理

制订医院、康复中心和特殊教育学校运动康复教学计划，明确教学工作目标，保证工作有计划、有步骤、有条不紊地运转；建立和健全医院、康复中心和特殊教育学校管理系统，明确职责范围，发挥管理机构及人员的作用；加强康复师的康复质量和儿童的学习质量管理。

（四）不同类别特殊需要儿童运动康复课程的特点

类别	障碍特点	康复课程的特点		
		粗大运动	精细运动	感知觉及感觉统合
脑瘫	**（1）痉挛型四肢瘫与重症双瘫** 主要表现为全身屈曲模式，运动范围变小，分离运动受限，易出现联合反应。	（1）抑制全身屈曲模式。 （2）抑制髋关节内收、内旋和踝关节跖屈模式。 （3）预防下肢挛缩和变形。 （4）改善运动的内容与质量，从而提高特殊需要儿童对姿势与运动变化的适应性。	（1）抑制肩胛带外展的异常模式。 （2）预防上肢挛缩和变形。 （3）提高日常生活动作能力。	注意提高视知觉和听知觉功能。
	（2）痉挛型偏瘫 主要表现为单侧肢体的痉挛（具体同痉挛型四肢瘫），容易用健侧肢体代偿或替代活动。	（1）促进两侧性活动，防止联合反应和患侧忽视。 （2）促进患侧躯干部和下肢的支持功能、步行能力等。 （3）抑制骨盆带向后方回旋。 （4）抑制患侧躯干部的短缩，促进患侧躯干可动性和支持能力。 （5）抑制髋关节的屈曲、膝关节的过度伸展、尖足、足趾的屈曲，促进下肢的伸展活动。 （6）抑制健侧的过剩活动和代偿活动，促进健侧的活动性。	（1）促进患侧上肢的支持功能、患侧手的抓握能力等。 （2）抑制肩胛带向后方回旋。 （3）抑制患侧上肢的屈曲和内收、肘关节的屈曲、拇指内收和所有手指的屈曲。促进患侧上肢向前方、侧方、后方的伸展。	促进患侧手掌和足底对触觉刺激的敏感性。

续表

类别	障碍特点	康复课程的特点		
		粗大运动	精细运动	感知觉及感觉统合
脑瘫	**（3）不随意运动型** 主要表现为难以用意志控制的全身性不自主运动，运动活动范围过大，姿势难以保持，平衡与协调能力差。在进行有意识、有目的的运动时，不自主、不协调和无效的运动增多，与意图相反的不随意运动扩延至全身，安静时不随意运动消失。	（1）从抑制伸肌或屈肌痉挛入手，缩小肌张力动摇的幅度。 （2）促进获得头部、躯干的对称性和维持稳定的抗重力姿势能力。 （3）促进头部和躯干控制能力发育。 （4）对不断变化的临床症状进行阶段性的评定，并确定相应的治疗目标和治疗手段。	（1）促进肩胛带的对称性和维持稳定的抗重力姿势能力。 （2）促进两手进行操作的能力发育。 （3）促进构音功能的发育。 （4）学习控制上肢的能力，以保证入学时能够适应学校的学习环境和任务。	（1）促进听觉处理功能。 （2）促进前庭觉、本体觉功能。 （3）促进颜面肌肉、发音和构音器官的感知觉。
	（4）共济失调型 主要表现为平衡障碍，肌张力多低下，无不自主运动，本体觉及平衡感觉丧失或减退，不能保持稳定姿势。行走步态不稳、醉酒步态，步幅小，重心在足跟部，基底面宽，方向不准。	（1）提高姿势肌张力。 （2）让特殊需要儿童持续地保持一定姿势，使之获得肌肉的持续性收缩。 （3）在坐位、四点支撑位、膝立位、站立位及步行等抗重力活动中促进平衡反应，注意促进伴有体轴回旋动作的平衡反应。 （4）在步行过程中，注意促进在狭窄支持面上的平衡反应。	（1）减少手部、眼球震颤。 （2）提高上肢精细动作的控制能力及操作的精准性。	（1）促进视知觉、注意力等功能。 （2）促进前庭觉功能。 （3）促进本体觉功能。

续表

类别	障碍特点	康复课程的特点		
		粗大运动	精细运动	感知觉及感觉统合
脑瘫	**（5）混合型** 主要表现为以上某两种类型或几种类型的症状同时出现，以痉挛型和不随意运动型症状同时存在多见。	参考以上介绍的合并类型。	参考以上介绍的合并类型。	参考以上介绍的合并类型。
自闭症	自闭症儿童运动障碍方面主要表现为多感官知觉差、运动发育迟缓，动作笨拙、日常生活活动能力低下、手指操作技巧等精细运动程度低、运动执行困难，协调性差等。	（1）提高身体肌肉张力。 （2）增强大动作的速度及灵活性。 （3）提高全身运动的协调性。 （4）增强蹦跳、踢球等能力的训练。	（1）增强力度控制的训练。 （2）增强模仿能力的训练。 （3）强调动作计划能力的训练。 （4）进行操作物品等精细化程度较高的训练，例如，进行穿珠、剪纸、折纸、画线等手指灵活性要求较高的精细运动训练。 （5）以日常生活活动能力的训练为主，包括饮食训练、穿衣训练、洗漱训练、如厕训练等。	（1）促进触觉信息处理能力。 （2）促进视觉信息处理能力。 （3）促进本体觉及前庭觉信息处理能力。 （4）抑制狭隘兴趣及固执行为。

续表

类别	障碍特点	康复课程的特点		
		粗大运动	精细运动	感知觉及感觉统合
智力障碍	智力障碍儿童的运动障碍主要表现为粗大运动发育较同龄儿童有不同程度的落后，同时其保护性伸展反应、平衡反应、运动协调性等也常常落后于同龄儿童；精细运动表现为动作笨拙，日常生活活动能力较差。	（1）遵循普通儿童运动发育规律，增强落后的粗大运动。 （2）增强保护性伸展反应。 （3）增强平衡及协调性。	（1）增强力度控制的训练。 （2）进行操作物品等精细化程度较高的训练，例如，进行穿珠、剪纸、折纸、画线等手指灵活性要求较高的精细运动训练。 （3）以日常生活活动能力的训练为主，包括饮食训练、穿衣训练、洗漱训练、如厕训练等。	（1）促进视觉、听觉信息处理能力。 （2）促进嗅觉信息处理能力。 （3）促进触觉信息处理能力。
注意缺陷多动障碍	注意缺陷多动障碍主要表现为注意缺陷，难以持久地完成任务，常常无目的地来回走动、奔跑、跳跃，极端缺乏耐心，常常会继发运动与感知功能异常。例如部分特殊需要儿童手指精细协调困难，快速轮替动作不灵活，拿筷子、握笔书写、扣纽扣、系鞋带、做手工等动作笨拙，手眼协调差，视运动功能障碍，空间位置障碍，左右分辨困难，等等。	增强运动控制能力，降低运动的速度，提高准确性。	（1）提高手眼协调能力。 （2）提高手部操作技巧、写前技巧等精细运动的精准性。	（1）促进视知觉信息处理能力。 （2）提高视空间辨识能力。